בית ספר - ትምህርት ቤት 2
נסיעה - ጉዞ 5
תחבורה - መጓጓዣ 8
עיר - ከተማ 10
נוף - መልከዓምድር 14
מסעדה - ምግብ ቤት 17
סופרמרקט - የሸቀጣ ሸቀጥ መደብር 20
שתיות - መጠጦች 22
אוכל - ምግብ 23
חווה - እርሻ 27
בית - ቤት 31
סלון - ሳሎን 33
מטבח - ማድቤት 35
חדר אמבטיה - መታጠቢያ ቤት 38
חדר ילדים - የልጅ ክፍል 42
בגדים - አልባሳት 44
משרד - ቢሮ 49
כלכלה - ኢኮኖሚ 51
מקצועות - የስራ ሙያዎች 53
כלי עבודה - መሳሪያዎች 56
כלי נגינה - የሙዚቃ መሳሪያዎች 57
גן חיות - የደር እንስሳት ማቆያ 59
ספורט - የስፖርት አይነቶች 62
פעילויות - እንቅስቃሴዎች 63
משפחה - ቤተሰብ 67
גוף - አካል 68
בית חולים - ሆስፒታል 72
חירום - ድንገተኛ 76
כדור הארץ - ምድር 77
שעון - ሰዓት 79
שבוע - ሳምንት 80
שנה - ዓመት 81
צורות - ቅርፆች 83
צבעים - ቀለማት 84
הפכים - ተቃራኒዎች 85
מספרים - ቁጥሮች 88
שפות - ቋንቋዎች 90
מי / מה / איך - ማን/ ምን/ እንዴት 91
איפה - የት 92

Impressum
Verlag: BABADADA GmbH, Nedderfeld 112 , 22529 Hamburg
Geschäftsführer / Verlagsleitung: Harald Hof
Druck: Books on Demand GmbH, In de Tarpen 42, 22848 Norderstedt

Imprint
Publisher: BABADADA GmbH, Nedderfeld 112 , 22529 Hamburg, Germany
Managing Director / Publishing direction: Harald Hof
Print: Books on Demand GmbH, In de Tarpen 42, 22848 Norderstedt

1

בית ספר

ትምህርት ቤት

חילק
ማካፈል
186/2
לוח
ሰሌዳ
כיתה
መማሪያ ክፍል
מורה
መምህር
נייר
ወረቀት
כתב
መፃፍ
עט
እስክሪብቶ
שולחן עבודה
መፃፊያ ጠረጴዛ
סרגל
ማስመሪያ
ספר
መጽሐፍ
תלמיד
ተማሪ

ילקוט

የጀርባ ቦርሳ

קלמר

የእርሳስ መያዣ

עיפרון

እርሳስ

מחדד

የእርሳስ መቅረጫ

גומי מחיקה

ላጲስ

חוברת סרטוט

የስዕል ደብተር

סרטוט

ስዕል

מברשת

የቀለም ብሩሽ

קופסת צבעים

የቀለም ሳጥን

מספריים

መቀስ

דבק

ማጣበቂያ

ספר תרגול

መልመጃ ደብተር

שיעור בית

የቤት ስራ

12

מספר

ቁጥር

2+2

חיבר

መደመር

5-2

חיסר

መቀነስ

2×2

הכפיל

ማባዛት

חישב

ቁጥሮችን ማስላት

A

אות

ደብዳቤ

ABCDEFG
HIJKLMN
OPQRSTU
VWXYZ

אלפבית

ፊደላት

hello

מילה

ቃል

טקסט

ፅሑፍ

קרא

ማንበብ

גיר

ጠመኔ

שיעור

ትምህርት

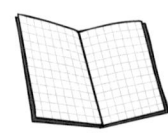

יומן נוכחות

ምዝገባ

מבחן

ፈተና

תעודה

ሰርተፊኬት

תלבושת בית ספר

የትምህርት ቤት የደንብ ልብስ

חינוך

ትምህርት

אנציקלופדיה

አዉደ ጥበብ

אוניברסיטה

ዩኒቨርስቲ

מיקרוסקופ

የምርምር አጉሊ መሳርያ

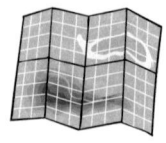

מפה

ካርታ

סל נייר

የቆሻሻ ወረቀት መጣያ ቅርጫት

Grand
מלון
ሆቴል
הוסטל
ማረፊያ ቤት
ROOMS
המרת מטבע
የዉጭ ገንዘብ ምንዛሪ ቢሮ
מזוודה
ልብስ መያዣ ሻንጣ
אוטו
መኪና

בסדר

እሺ

כן / לא

አዎ/ አይደለም

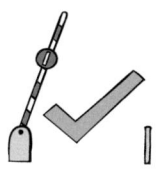

שפה

ቋንቋ

תודה

አመሰግናለሁ

מתרגם

አስተርጓሚ

שלום

ሰላም

בעיה

....

እክል

אני לא מבין

....

አልገባኝም

כמה עולה.....?

....

ስንት ነዉ.......?

לילה טוב!

....

መልካም ምሽት!

בוקר טוב!

....

እንደምን አደሩ!

ערב טוב!

....

እንደምን አመሹ!

כבודה

....

ሻንጣ

כיוון

....

አቅጣጫ

להתראות

....

ደህና ይሰንብቱ

אורח

....

እንግዳ

תרמיל גב

....

የጀርባ ቦርሳ

תיק

....

ቦርሳ

אוהל

....

ድንኳን

שק שינה

....

የመተኛ ቦርሳ

חדר

....

ክፍል

מרכז מידע לתיירים

የጎብኚዎች መረጃ

חוף ים

የባህር ዳርቻ

כרטיס אשראי

ክሬዲት ካርድ

ארוחת בוקר

ቁርስ

ארוחת צהריים

ምሳ

ארוחת ערב

እራት

כרטיס

ቲኬት

מעלית

አሳንስር

בול

ማህተም

גבול

ድንበር

מכס

ባህሉች

שגרירות

ኤምባሲ

אשרה

ቪዛ/የይለፍ ወረቀት

דרכון

ፓስፖርት

תחבורה

መጓጓዣ

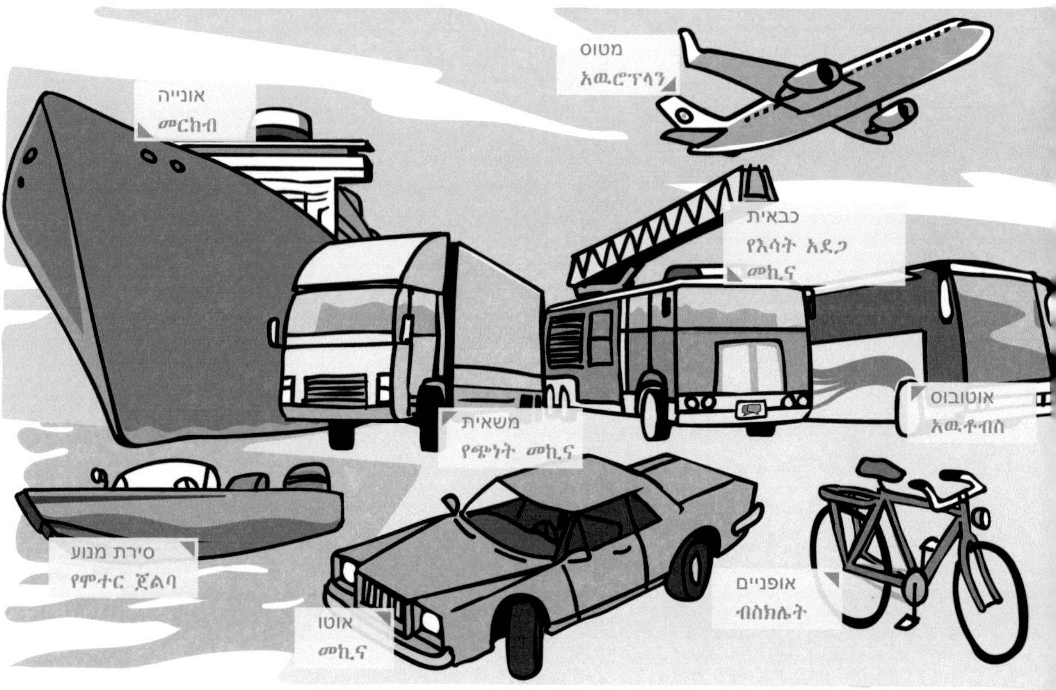
מטוס
አዉሮፕላን
אונייה
መርከብ
כבאית
የእሳት አደጋ መኪና
משאית
የጭነት መኪና
אוטובוס
አዉቶብስ
סירת מנוע
የሞተር ጀልባ
אופניים
ብስክሌት
אוטו
መኪና

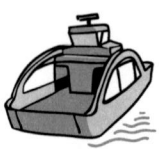

מעבורת

የማመላለሻ ጀልባ

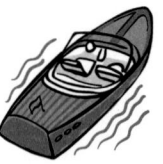

סירה

ጀልባ

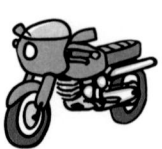

אופנוע

የሞተር ብስክሌት

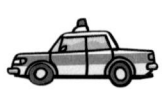

ניידת משטרה

የፖሊስ መኪና

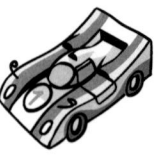

מכונית מרוץ

የዉድድር መኪና

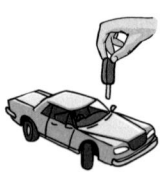

רכב שכור

የኪራይ መኪና

משאית זבל

የቆሻሻ ጭነት መኪና

אוטו גרר

ጎታች መኪና

מכוניות בשיתוף

የመኪና መጋራት

תחנת דלק

የቤንዚን ማደያ

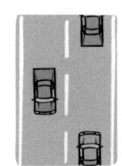

דלק

ነዳጅ

מנוע

ሞተር

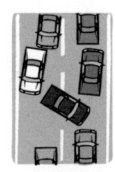

פקק תנועה

የመኪና መጨናነቅ

תנועה

የመኪኖች እንቅስቃሴ

תמרור

የመንገድ ምልክት

פסי רכבת

የባቡር ሀዲዶች

תחנת רכבת

የባቡር ጣቢያ

חניה

የመኪና ማቆሚያ

קרון

ሰረገላ

רכבת קלה

የኤሌክትሪክ ባቡር

רכבת

ባቡር

מסוק

ሄሊኮፕተር

שדה-תעופה

አየር ማረፊያ

מגדל

ማማ

נוסע

መንገደኛ

קונטיינר

ማስቀመጫ፥ ማጠራቀሚያ

קרטון

ካርቶን እቃ ማሸጊያ

עגלה

ጋሪ፥ ተሳቢ

סל

ቅርጫት

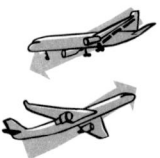

המראה / נחיתה

መነሳት/ማረፍ

עיר

ከተማ

כפר

መንደር

מרכז העיר

የከተማ ማዕከል

בית

ቤት

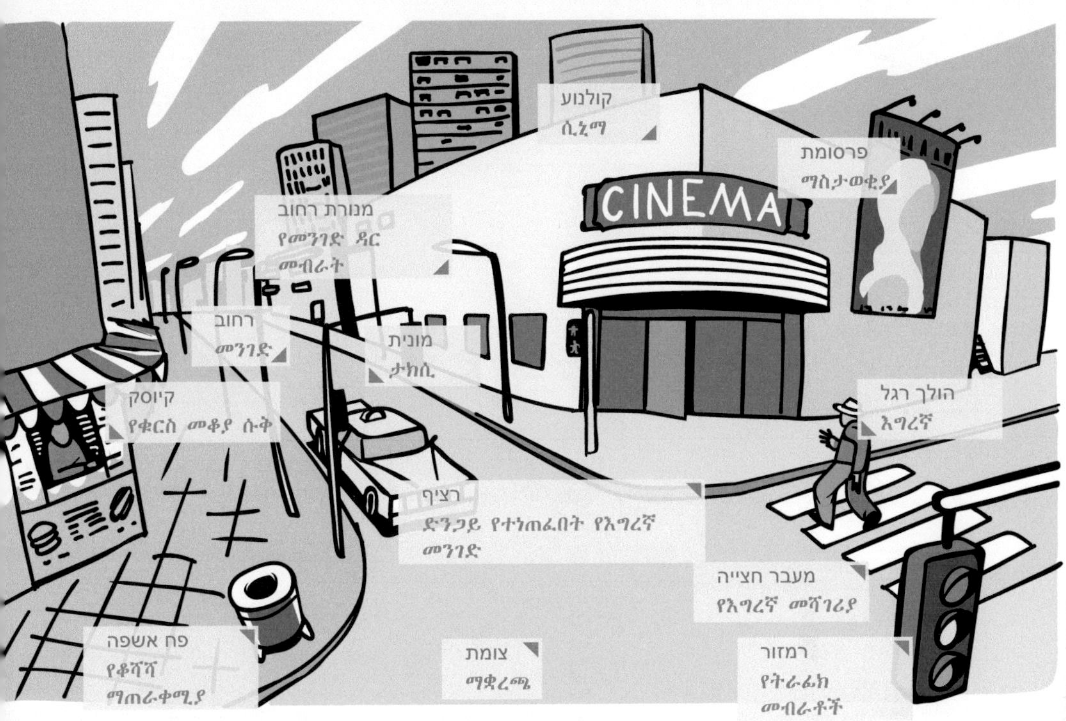

CINEMA
קולנוע
ሲኒማ
פרסומת
ማስታወቂያ
מנורת רחוב
የመንገድ ዳር መብራት
רחוב
መንገድ
מונית
ታክሲ
קיוסק
የቁርስ መቆያ ሱቅ
הולך רגל
እግረኛ
רציף
ድንጋይ የተነጠፈበት የእግረኛ መንገድ
מעבר חצייה
የእግረኛ መሻገሪያ
פח אשפה
የቆሻሻ ማጠራቀሚያ
צומת
ማቋረጫ
רמזור
የትራፊክ መብራቶች

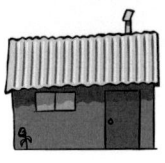

בקתה

ጎጆ

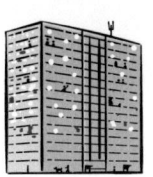

דירה

አፓርታማ

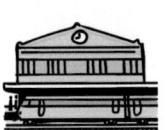

תחנת רכבת

የባቡር ጣቢያ

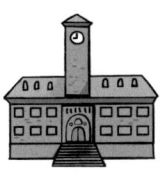

עירייה

የከተማ አዳራሽ

MUSEUM

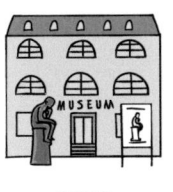

מוזיאון

ቤተ መዘክር

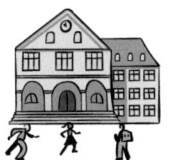

בית ספר

ትምህርት ቤት

בית חולים

ሆስፒታል

בנק

ባንክ

אוניברסיטה

ዩኒቨርስቲ

משרד

ቢሮ

בית מרקחת

መድሐኒት ቤት

מלון

ሆቴል

חנות פרחים

የአበባ መሸጫ

חנות

ሱቅ

חנות ספרים

መፅሐፍ መሸጫ

כל-בו

መደብር

שוק

ገበያ ስፍራ

סופרמרקט

የሸቀጣ ሸቀጥ መደብር

נמל

ወደብ

קניון

የገበያ ማዕከል

מוכר דגים

የዓሳ ነጋዴ

פארק

መናፈሻ ቦታ

ספסל

አግዳሚ ወንበር

גשר

ድልድይ

מדרגות

ደረጃዎች

רכבת תחתית

ዉስጥ ለዉስጥ

מנהרה

ዋሻ

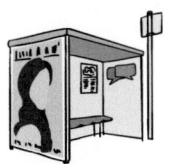

תחנת אוטובוס

የአዉቶቡስ ፌርማታ

בר

ባር

מסעדה

ምግብ ቤት

תא דואר

የፖስታ ሳጥን

שלט רחוב

የመንገድ ምልክት

מדחן

የመኪና ማቆሚያ ሒሳብ የሚያሰላ ማሽን

גן חיות

የደር እንስሳት ማቆያ

בריכת שחיה

የመዋኛ ገንዳ

מסגד

መስጊድ

חווה

እርሻ

זיהום

የሚበክል ነገር

בית עלמין

መቃብር ስፍራ

כנסייה

ቤተ ክርስቲያን

מגרש משחקים

መጫወቻ ሜዳ

בית מקדש

ቤተ መቅደስ

נוף

መልከዓምድር

עלה
ቅጠል

תמרור
የመንገድ ላይ
ምልክት

דרך
መንገድ

מראה
አረንጓዴ መስክ

אבן
ድንጋይ

עץ
ዛፍ

מטייל
በእግሩ የሚጓዝ

נהר
ወንዝ

דשא
ሣር

פרח
አበባ

בקעה

ሸለቆ

הר

ኮረብታ

אגם

ሀይቅ

יער

ጫካ

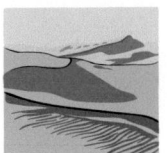

מדבר

በረሃ

הר געש

እሳተ ገሞራ

טירה

ግምብ

קשת בענן

ቀስተ ዳመና

פטריה

እንጉዳይ

דקל

የቴምብር ዛፍ/ ዘንባባ

יתוש

ቢንቢ/ የወባ ትንኝ

זבוב

በራሪ

נמלה

ጉንዳን

דבורה

ንብ

עכביש

ሸረሪት

חיפושית

ጢንዚዛ

צפרדע

እንቁራሪት

סנאי

ሽኮኮ

קיפוד

ጃርት

ארנב

ጥንቸል

ינשוף

ጉጉት ወፍ

ציפור

ወፍ

ברבור

የዉሃ ዳክዬ

חזיר בר

ከርከሮ

צבי

አጋዘን

אייל הקורא

አጋዘን

סכר

ግድብ

טורבינת רוח

በነፋስ የሚሽከረከር

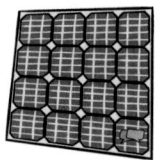

פנל סולארי

የፀሀይ ፓኔሎ

אקלים

አየር ንብረት

מסעדה

ምግብ ቤት

מלצר
አስተናጋጅ

תפריט
ማውጫ

כסא
ወንበር

מרק
ሾርባ

פיצה
ፒሳ

סכו"ם
መክተፊያ

מפת שולחן
የጠረጴዛ ጨርቅ

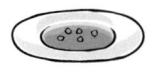

מנת פתיחה

የምግብ ፍላጎትን የሚከፍት
ምግብ

מנה עיקרית

ዋና ምግብ

קינוח

ማጣጣሚያ ተከታይ ምግብ

שתיות

መጠጦች

אוכל

ምግብ

בקבוק

ጠርሙስ

מזון מהיר

ፈጣን ምግብ

אוכל רחוב

የመንገድ ምግብ

קנקן תה

የሻይ ማንቆርቆሪያ

מסכרת

የስኳር እቃ

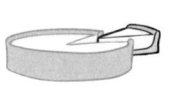

מנה

ድርሻ

מכונת אספרסו

የቡና ማፍያ ማሽን

כסא תינוק

ባለ� ወንበር

חשבון

የክፍያ ደረሰኝ

מגש

ትሪ

סכין

ቢላዋ

מזלג

ሹካ

כף

ማንኪ.ያ

כפית

የሻይ ማንኪ.ያ

מפית

ልብስ ምግብ እንዳይበካ የሚረዳ
ጨርቅ

כוס

ብርጭቆ

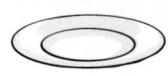

תחתית

የስኒ ማስቀመጫ

קערת מרק

የሾርባ ጎድጓዳ ሰሀን

צלחת

ዝርግ ሰሀን

מטחנת פלפל

የተፈጨ ቃሪያ

מלחייה

የጨዉ እቃ

רוטב

ማጣፈጫ ስጎ

תבלינים

ቀመማ ቅመሞች

שמן

የምግብ ዘይት

חומץ

ኮምጣጤ

מיונז

ማዮኒዝ

חרדל

ሰናፍጭ

קטשופ

የቲማቲም ድልህ

סופרמרקט
የሸቀጣ ሸቀጥ መደብር

מבצע
ልዩ አቅራቦት
FOR
לקוח
ደምበኛ
מוצרי חלב
የወተት ተዋፅዖ
פירות
ፍራፍሬ
עגלת קניות
ባለ ጎማ የእጅ ጋሪ

אטליז

ሉካንዳ ነጋዴ

מאפייה

መጋገርያ

שקל

ክብደት መመዘን

ירקות

ቅጠላ ቅጠል አትክልት

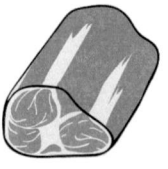

בשר

ስጋ

מזון קפוא

የቀዘቀዘ/የረጋ ምግብ

אבקת כביסה

የማጠቢያ ዱቄት

שימורים

የታሸገ ምግብ

בשר קר

ቀዝቃዛ ቁራጭ

חומר ניקוי

የፅዳት ምርቶች

מוצרי בית

የቤት ዉስጥ ዉጤቶች

ממתקים

ጣፋጮች

קופאי

የሒሳብ ሰራተኛ

קופה

የገንዘብ መመዝቢያ ማሽን

מוכרת

የሽያጭ ባለሙያ

ארנק

የኪስ ቦርሳ

שעות פתיחה

ክፍት ሰዓታት

רשימת קניות

የግዢ ዝርዝር

שקית נילון

የፕላስቲክ ቦርሳ

תיק

ቦርሳ

כרטיס אשראי

ክሬዲት ካርድ

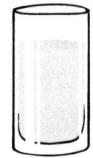

שתיות
መጠጦች

מים

ውሃ

מיץ

ጭማቂ

חלב

ወተት

קולה

ኮካ-ኮላ

יין

ወይን

בירה

ቢራ

אלכוהול

አልኮል

קקאו

ኮካ

תה

ሻይ

קפה

ቡና

אספרסו

የተፈላ ቡና

קפוצ'ינו

ካፕቺኖ

אוכל

ምግብ

תפוז

ብርቱካን

תפוח

ፖም

בננה

ሙዝ

גזר

ካሮት

לימון

ሎሚ

אבטיח

ሀብሀብ

בצל

ቀይ ሽንኩርት

במבוק

ሸምበቆ

שום

ነጭ ሽንኩርት

אטריות

የህፃናት ምግብ

אגוזים

ለዉዝ

פטריות

እንጉዳይ

סלט

ሰላጣ

אורז

ሩዝ

ספגטי

ፓስታ

פיצה

ፒዛ

צ'יפס

ድንች ጥብስ

צ'יפס

የድንች ጥብስ

שניצל

ጥሬ ስጋ

כריך

ሳንድዊች

המבורגר

ዳቦ ዉስጥ በስሱ ተጠብሶ የገባ ስጋ

נקניקיה

ቋሊማ

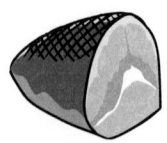

סלאמי

በቅመምና በጨዉ የታሸ ምግብ ቀዝቅዞ የሚበላ ሾርባ ምግብ

שינקין

የአሳማ ስጋ

דג

አሳ

טיגון

ጥብስ

עוף

ዶሮ

שיבולת שועל

የአጃ ገንፎ

מוזלי

ከወተት ጋር ተደባልቀዉ የሚበሉ ምግቦች

קורנפלקס

የበቆሎ ቅርፊት

קמח

ዱቄት

קרואסון

ኩራሳ

לחמנייה

ድብልብል ዳቦ

לחם

ዳቦ

טוסט

መጥበስ

עוגיות

ብስኩት

חמאה

ቅቤ

גבינה לבנה

እርጎ

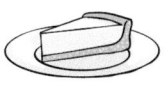

עוגה

ኬክ

ביצה

እንቁላል

ביצת עין

እንቁላል ጥብስ

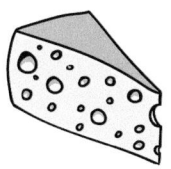

גבינה

አይብ

דבש

ማር

סוכר

ስኳር

גלידה

የበረዶ ክሬም

קארי

ማጣፈጫ

ממרח נוגט

የተናጠ የወተት ክሬም

ריבה

ማርማላት

חווה
እርሻ

የገበሬ ቤት
የእህልና የከብት ማቀመጫ ቤት
חבילת שחת
የጭድ ክምር
שדה
ሜዳ
סוס
ፈረስ
עגלת נגרר
ተሳቢ መኪና
טרקטור
የእርሻ መኪና
סייח
የፈረስ ዉርንጭላ
חמור
አህያ
כבש
በግ
טלה
የበግ ጠቦት

עז

ፍየል

פרה

ላም

עגל

ጥጃ

חזיר

አሳማ

חזרזיר

ግልገል አሳማ

שור

ኮርማ

אפרוח

የዶሮ ጫጩት

ברווז

ዳክዬ

אווז

ዝይ

חולדה

አይጥ

תרנגול

አዉራ ዶሮ

תרנגולת

ዶሮ

שור

በሬ

עכבר

አይጥ

חתול

ደድመት

צינור השקיה

የአትክልት ቦታ

מלונה

የዉሻ ቤት

כלב

ዉሻ

מחרשה

ማረሻ

חרמש

ረጅም ማጭድ

קנקן מים

ዉሃ ማጠጫ ባልዲ

קלשון

የእህል መንሽ

מגרפה

መኮትኮቻ

מגל

ማጭድ

שוקת

ገንዳ

מריצה

ኩርኩር/ የእጅ ጋሪ

גרזן

መጥረቢያ

גדר

አጥር

שק

ጆንያ ከረጢት

כד חלב

የወተት ዕቃ

אדמה

አፈር

חממה

ዕፅዋት ማሳደጊያ የመስታዉት ቤት

אורווה

የፈረስ ጋጣ

מקצרה

ጥምር ማረሻ

דשן

የመሬት ማዳበሪያ

זרע

ዘር

קצר

አዝመራ መሰብሰብ

קציר

አዝመራ

בטטה אפריקנית

ድንች

חיטה

ስንዴ

סויה

ሶያ

תפוח אדמה

ድንች

תירס

በቆሎ

קנולה

የከብት መኖ

עץ פירות

የፍሬ ዛፍ

קסבה

የካሳቫ ዛፍ

דגנים

እህል

בית

ቤት

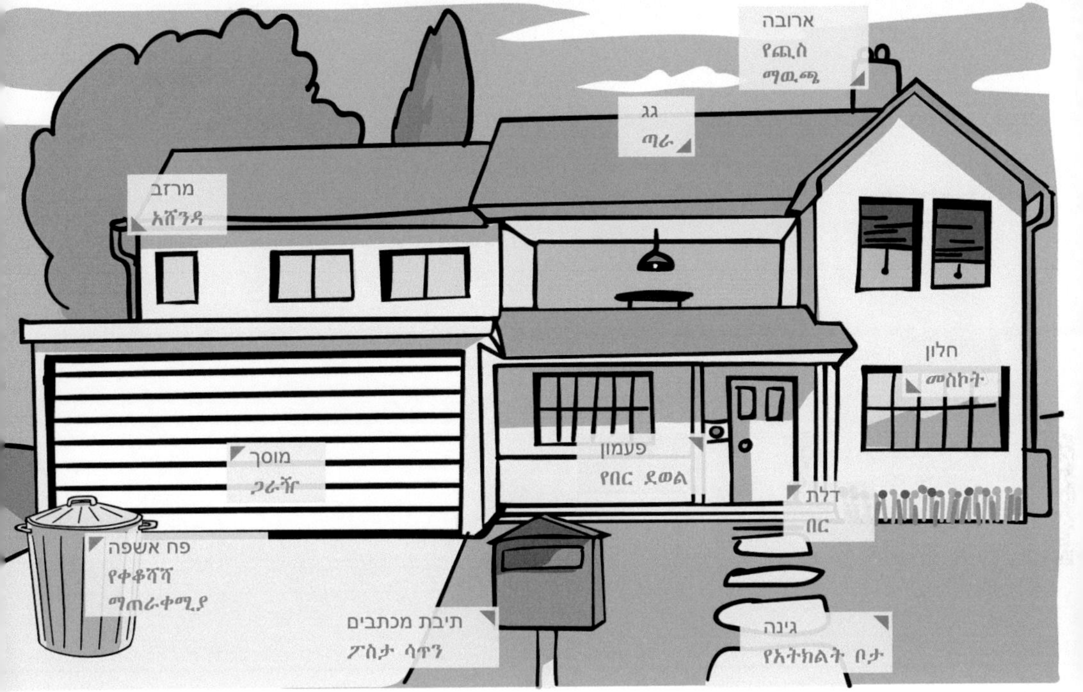
ארובה
የጪስ ማዉጫ
גג
ጣራ
מרזב
አሸንዳ
חלון
መስኮት
פעמון
የበር ደወል
מוסך
ጋራዥ
דלת
በር
פח אשפה
የቀቆሻሻ ማጠራቀሚያ
תיבת מכתבים
ፖስታ ሳጥን
גינה
የአትክልት ቦታ

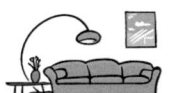

מטבח

ማድቤት

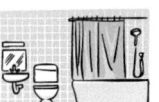

חדר אמבטיה

መታጠቢያ ቤት

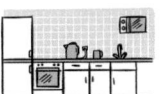

סלון

ሳሎን

חדר אוכל

መመገቢያ ክፍል

חדר ילדים

የልጅ ክፍል

חדר שינה

መኝታ ቤት

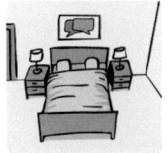

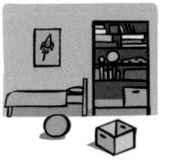

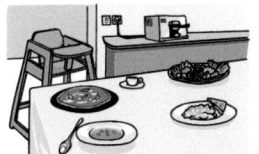

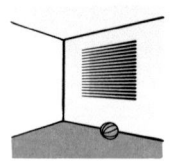

רצפה

ወለል

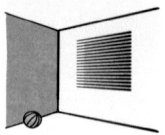

קיר

ግድግዳ

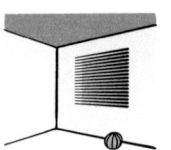

תקרה

ጣሪያ

מרתף

ምድር ቤት

סאונה

በእንፋሎት ሙቀት መታጠቢያ ቤት

מרפסת

ሰገነት

מרפסת

ከፍ ያለ መደብ

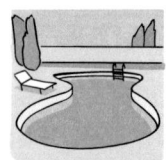

בריכה

የመዋኛ ገንዳ

מכסחת דשא

የማጨጃ መኪና

סדין

አንሶላ

כיסוי מיטה

የአልጋ ልብስ

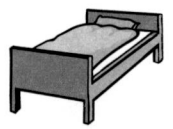

מיטה

አልጋ

מטאטא

መጥረጊያ

דלי

ባልዲ

מפסק

ማብሪያና ማጥፊያ

סלון

ሳሎን

טפט
የግድግዳ ወረቀት
תמונה
ፎቶ
מנורה
መብራት
מדף
መደርደሪያ
ארון
ቁም ሳጥን፣ ካቢኔ
טלוויזיה
אח
የእሳት መሞቂያ
פרח
አበባ
כרית
ትራስ
ספה
ሶፋ
אגרטל
የአበባ ማስቀመጫ
שלט רחוק
ሪሞት ኮንትሮል

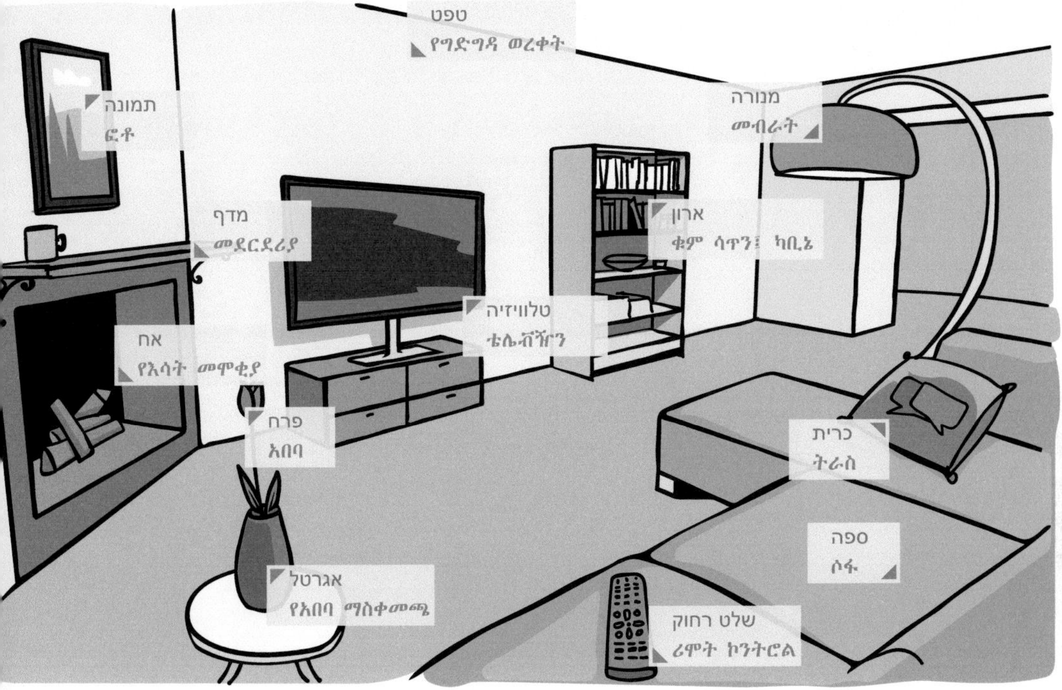

שטיח

ንጣፍ

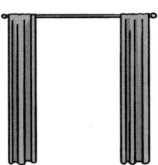

וילון

መጋረጃ

שולחן

ጠረጴዛ

כסא

ወንበር

כיסא נדנדה

ተወዛዋዥ ወንበር

כורסה

ባለመደገፊያ ወንበር

דקורציה

ጌጥ

שמיכה

ብርድ ልብስ

ספר

መጽሐፍ

מערכת סטריאו

የሙዚቃ መጫወቻ

סרט

ፊልም

עצי הסקה

ማገዶ

ציור

ስዕል

עיתון

ጋዜጣ

מפתח

ቁልፍ

מחברת

ማስታወሻ ደብተር

רדיו

ራዲዮ

פוסטר

የተለጠፈ ማስታወቂያ እንደ ስዕል

נר

ሻማ

קקטוס

ቁልቋል

שואב אבק

የአየር ማፅጃ ለምንጣፍ

מטבח

ማድቤት

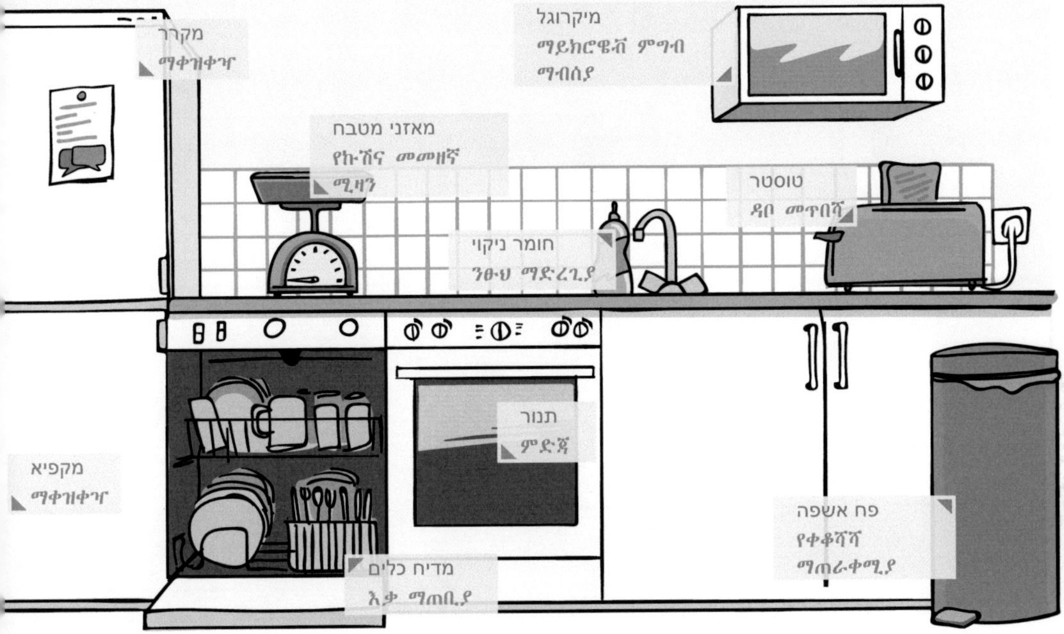

מקרר
ማቀዝቀዣ
מיקרוגל
ማይክሮዌቭ ምግብ ማብሰያ
የኩሽና መመዘኛ ሚዛን
טוסטר
ዳቦ መጥበሻ
חומר ניקוי
ንፁህ ማድረጊያ
תנור
ምድጃ
מקפיא
ማቀዝቀዣ
פח אשפה
የቆሻሻ ማጠራቀሚያ
מדיח כלים
እቃ ማጠቢያ

סיר ברזל

የብረት ማሰሮ

סיר

ማሰሮ

תנור

ምግብ አብሳይ

קומקום חשמלי

ማንቆርቆሪያ

מחבת

የምግብ መጥበሻ

ווק

ምግብ ማብሰያ ዝርግ ድስት

מאדה

የእንፋሎት ማብሰያ

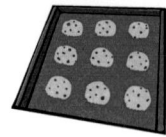

מגש אפייה

የመጋገሪያ ትሪ

כלי אוכל

ሰብስቦች

ספל

ትልቅ ኩባያ

קערה

ጎድጓዳ ሳህን

צ'ופסטיקס

ቾፕስቲክስ

מצקת

ጭልፋ

מרית

መስቅሰቂያ ዝርግ ማንኪያ

מטרפה

ማደባለቂያ

מסננת בישול

መወጠሪያ

מסננת

ወንፊት

מגרדת

መፈርፈሪያ መሳሪያ

מכתש

ሲሚንቶ

גריל

የፍም ጥብስ

מדורה

የተለቀቀ እሳት

פותחן פקקים

....

የጠርሙስ መክፈቻ

מערוך

....

ተንሸራታች መርፌ

קרש חיתוך

....

መክተፊያ

מטלית

....

የማሰሮ መሸፈኛ

פותחן קופסאות

....

የጣሳ መክፈቻ

פחית

....

ጣሳ

ספוג

....

ስፖንጅ

מברשת

....

ብሩሽ

כיור

....

ሳህን ማጠቢያ

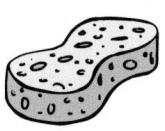

בקבוק לתינוק

....

ጡጦ

מקפיא

....

በጣም ማቀዝቀዣ

בלנדר

....

መደባለቂያ መሳሪያ

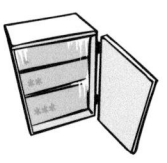

ברז

....

ቧንቧ

חדר אמבטיה

መታጠቢያ ቤት

חימום
ማሞቂያ
מגבת
ፎጣ
מקלחת
መታጠቢያ
וילון מקלחת
የመታጠቢያ ቤት መጋረጃ
אמבטיית קצף
የአረፋ መታጠቢያ
אמבטיה
የመታጠቢያ ገንዳ
מכונת כביסה
የልብስ ማጠቢያ
כוס
ብርጭቆ
ברז
ቧንቧ
אריחים
ማዕዘን ወለል
סיר לילה
כיור
ሳህን ማጠቢያ

אסלה

ሽንት ቤት

אסלת כריעה

የሽንት ቤት መቀመጫ

בידה

ሳፋ

משתנה

የመንገድ ዳር መሽኛ

נייר טואלט

የሽንት ቤት ወረቀት

מברשת אסלה

የሽንት ቤት ማፅጃ ብሩሽ

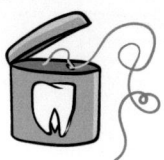

חוט דנטלי

የጥርስ ማፅጃ ክር

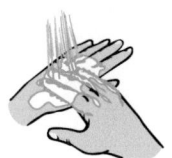

משחת שיניים

የጥርስ ሳሙና

מברשת שיניים

የጥርስ ብሩሽ

צינור שטיפה לשירותים

መታጠቢያ

מקלחת יד

የእጅ መታጠቢያ

שטף

መታጠብ

סבון

ሳሙና

מברשת גב

የጀርባ ብሩሽ

קערת רחצה

ጎድጓዳ ሳህን

ליפה

ለስላሳ ጨርቅ

שמפו

የፀጉር መታጠቢያ ሳሙና

ג'ל רחצה

የመታጠቢያ የሚዝለገለግ ሳሙና

דיאודורנט

ጠረን መቀየሪያ ንጥረ ነገር

קרם

ክሬም

ניקוז

ፍሳሽ

סכין גילוח

ምላጭ

מראת יד

የእጅ መስታወት

מראה

መስታወት

מסרק

ማበጠሪያ

אפטרשייב

ከመላጨት በኋላ የሚቀባ ሽቱ

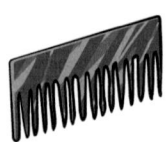

קצף גילוח

የመላጫ አረፋ

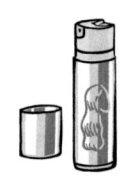

ספריי לשיער

በፀጉር ላይ የሚነፋ

מייבש שיעור

የፀጉር ማድረቂያ

מברשת

ብሩሽ

לק

የጥፍር ቀለም

שפתון

የከንፈር ቀለም

איפור

የፊት መቀባቢያ

בושם

ሽቶ

מספריים לציפורניים

ጥፍር መቁረጫ

צמר גפן

የጥጥ ሱፍ

משקל

....

ሚዛን

שרפרף

....

መቀመጫ

תיק כלי רחצה

....

ማጠቢያ ባልዲ

טמפון

....

ሞዴስ

כפפות גומי

....

የላስቲክ ጓንት

חלוק רחצה

....

የመታጠቢያ ልብስ

שירותים כימיקליים

....

የሽንት ቤት ኬሚካል

תחבושת סניטרית

....

የፅዳት ፎጣ

חדר ילדים

የልጅ ክፍል

שעון מעורר
የማንቂያ ደዉል ሰዐት
צעצוע חיבוק
የህፃን አሻንጉሊት
מכונית צעצוע
የመጫወቻ መኪና
רעשן
ማንገጫገጫ መጫወቻ
בית בובות
የአሻንጉሊት ቤት
מתנה
ስጦታ

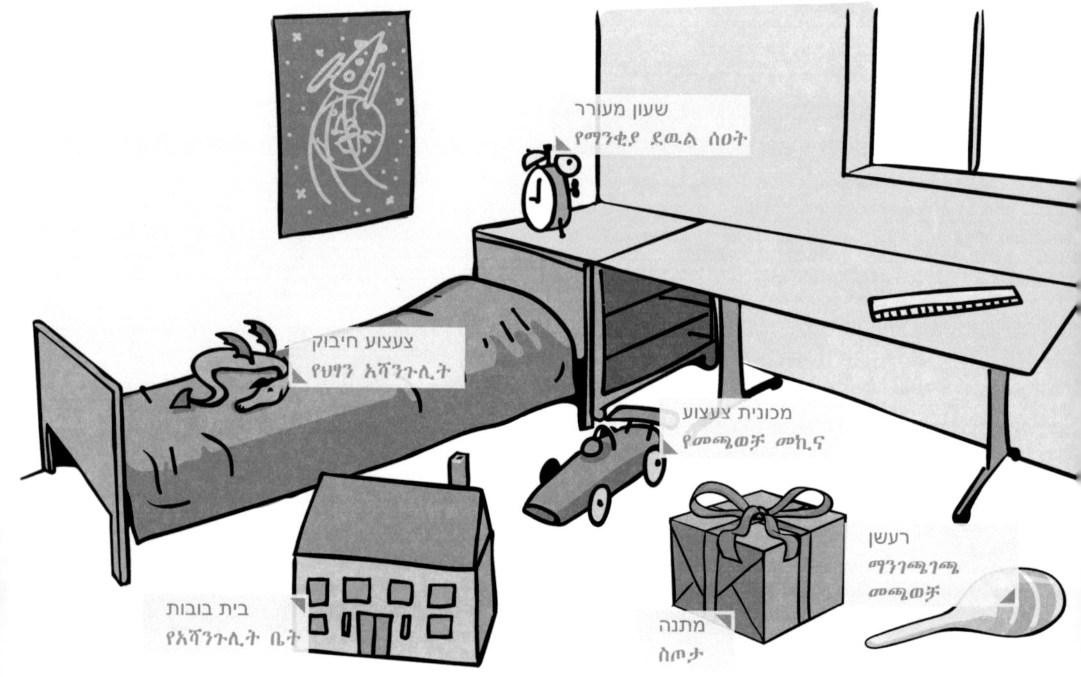

בלון

ፊኛ

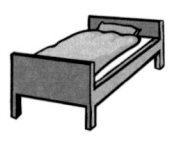

מיטה

አልጋ

עגלה

የህፃን ማንሸራሸሪያ ጋሪ

משחק קלפים

የካርታ መጫወቻ

פאזל

ቁርጥራጭ ምስሎችን የማገጣጠም
እና ምስል የማግኘት ጨዋታ

קומיקס

አዝናኝ

דמות משחק

የድርጊት ምስል

קוביות משחק

የመጫወቻ መገጣጠሚያዎች

לגו

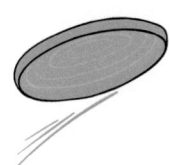

ተገጣጣሚ መጫወቻ

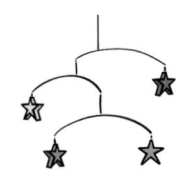

נייד

ተወዛዋዥ የህፃን ማጫወቻ

פריזבי

የፕላስቲክ መጫወቻ ዝርግ ሰሀን

סרבל תינוקות

የህፃን እድገት

רכבת צעצוע

የመጫወቻ ባቡር

קוביה

የመጫወቻ ጠጠር

משחק לוח

የሰሌዳ ጨዋታ

אלבום תמונות

የስዕል መፅሀፍ

מסיבה

ድግስ

מוצץ

የእንጀራ እናት ጡጦ

שיחק

መጫወት

בובה

አሻንጉሊት

כדור

ኳስ

ארגז חול

የአሸዋ መጫወቻ

נדנדה

ዥዋዥዌ

צעצועים

መጫወቻዎች

קונסולת משחקים

የቪዲዮ መጫወቻ

אופניים תלת גלגלי

ባለ ሶስት ጎማ ብስክሌት

דובון

የአሻንጉሊት ድብ

ארון בגדים

ቁምሳጥን

בגדים

አልባሳት

גרביים

ካልሲዎች

גרביונים

ስቶኪንጎች

גרביון

ታይት

צעיף
የአንገት ልብስ

מטריה

חולצת טי
ከናቴራ

חגורה
ቀበቶ

מגפיים
ቦቲ

נעלי ספורט
ስኒከሮች

נעלי בית
የቤት ዉስጥ ነጠላ
ጫማ

סנדלים

ነጠላ ጫማዎች

נעליים

ጫማዎች

מגפי גומי

የዝናብ ቡትስ

תחתונים

ሙታንታ

חזייה

ጡት መያዣ

וסט

ሰደርያ

גוף

ሰዉነት

מכנסיים

ሱሪዎች

ג'ינס

ጅንስ

חצאית

ጉርድ ቀሚስ

חולצה מכופתרת

ሸሚዝ

חולצה

ሸሚዝ

אפודה

የሚጠለቅ ሹራብ

סווצ'ר עם קפוצ'ון

ሹራብ

בלייזר

ዩኒፎርም ጃኬት

ז'קט

ጃኬት

מעיל

ኮት

מעיל גשם

የዝናብ ኮት

תלבושת

ልብስ

שמלה

ቀሚስ

שמלת כלה

የሙሽራ ቀሚስ

חליפה

ሱፍ

כותונת לילה

የለሊት ልብስ

פיג'מה

የለሊት ልብስ

סארי

ረጅም ቀሚስ

מטפחת ראש

ሂጃብ

טורבן

ጥምጣም

בורקה

ቡርቃ

קאפטן

ሽርጥ

עבאיה

አባያ

בגד ים

የዋና ልብስ

בגד ים

አጭር ቁምጣ

מכנסיים קצרים

ቁምጣዎች

בגד אימון

የስራ ቱታ

סינר

ሽርጥ

כפפות

ጓንት

כפתור

ቁልፍ

משקפיים

መነፅር

צמיד יד

አምባር

שרשרת

የአንገት ሀብል

טבעת

ቀለበት

עגיל

የጆሮ ጌጥ

כובע

ኮፍያ

קולב

የኮት መስቀያ

כובע

ኮፍያ

עניבה

ክረቫት

רוכסן

ዚፕ

קסדה

የብረት ቆብ

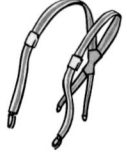

כתפיות

መደገፊያ

תלבושת בית ספר

የትምህርት ቤት የደንብ ልብስ

מדים

የደንብ ልብስ

חיתול

ሽንት ጨርቅ

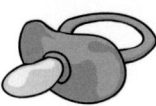

מוצץ

የእንጀራ እናት ጡጦ

מפית אוכל

መሃረብ

משרד

ቢሮ

שרת
תיקייה
የፋይል መደርደሪያ ካቢኔ
מדפסת
የህትመት መሳሪያ
נייר
ወረቀት
מסך
መቆጣጠሪያ
עכבר
ማዉዝ
שולחן עבודה
መፃፊያ ጠረጴዛ
תיק
ማህደር
מקלדת
כסא
ወንበር
סל נייר
የቆሻሻ ወረቀት መጣያ ቅርጫት
מחשב
ኮምፒዉተር

אינטרנט

ኢንተርኔት

מחשבון

ማስሊያ ማሽን

ספל קפה

የቡና መጠጫ ትልቅ ኩባያ

מחשב נייד

ላፕቶፕ

מכתב

ደብዳቤ

הודעה

መልዕክት

נייד

ተንቀሳቃሽ ስልክ

רשת

የግንኙነት አዉታር

מכונת צילום

ማባዣ ማሽን

תוכנה

ሶፍትዌር

טלפון

ስልክ

שקע

የግድግዳ ሶኬት

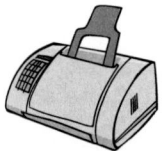

פקס

የፋክስ ማሽን

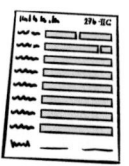

טופס

ቅፅ

מסמך

ሰነድ

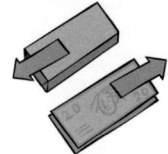

כלכלה

ኢኮኖሚ

סחר

መነገድ

שילם

መክፈል

קנה

መግዛት

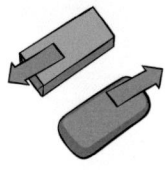

יורו

ዩሮ

דולר

ዶላር

כסף

ገንዘብ

פרנק שווייצרי

የስዊዝ ፍራንክ

רובל

ሩብል

ין

የን

כספומט

የገንዘብ ነጥብ

רופי

ሩጲ

יואן רנמינבי

ሬንሚንቢ ዩዋን

המרת מטבע

የዉጭ ገንዘብ ምንዛሪ ቢሮ

זהב

ወርቅ

כסף

ብር

נפט

ዘይት

אנרגיה

ሀይል ፥ ጉልበት

מחיר

ዋጋ

חוזה

ግንኙነት

מס

ቀረጥ

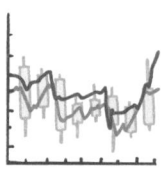

מנייה

አክስዮን

עבד

መስራት

עובד

ተቀጣሪ

מעסיק

ቀጣሪ

מפעל

ፋብሪካ

חנות

ሱቅ

מקצועות

የስራ ሙያዎች

שוטר
כבאי
የእሳት አደጋ ሰራተኛ
טבח
ምግብ አብሳይ
רופא
ዶክተር
טייס
አብራሪ

גנן

አትክልተኛ

נגר

አናጢ

תופרת

ልብስ ሰፊ ሴት

שופט

ዳኛ

כימאי

ቀማሚ

שחקן

ተዋናይ

דייג

አሳ አጥማጅ

נהג מונית

የታክሲ ሹፌር

נהג אוטובוס

የአውቶቢስ ሹፌር

מלצר

አስተናጋጅ

מתקן גגות

የጣራ ሰራተኛ

עובדת נקיון

ፅዳት ሰራተኛ

אופה

ጋጋሪ

צייר

ሰዓሊ

צייד

አዳኝ

מהנדס

መሃንዲስ

עובד בניין

ገምቢ

חשמלאי

የኤሌትሪክ ሰራተኛ

דוור

የፖስታ ሰራተኛ

אינסטלטור

የቧንቧ ሰራተኛ

קצב

ልኳንዳ

חייל

ወታደር

אדריכל

መሃንዲስ

קופאי

የሒሳብ ሰራተኛ

מוכר פרחים

አበባ ሻጭ

ספר

የፀጉር ሰራተኛ

כרטיסן

ቲኬት ቆራጭ

מכונאי

መካኒክ

קברניט

ካፒቴን

רופא שיניים

የጥርስ ሐኪም

מדען

ተመራማሪ

רב

መምህር

אימאם

የሙስሊም ሃይማኖታዊ መሪ

נזיר

መነኩሴ

כומר

ካህን

כלי עבודה
መሳሪያዎች

צבת
ተቆላፊ ጉጠት
פטיש
መዶሻ
מברג
መፍቻ
מפתח ברגים
የመሳሪ መፍቻ
פנס
ባትሪ

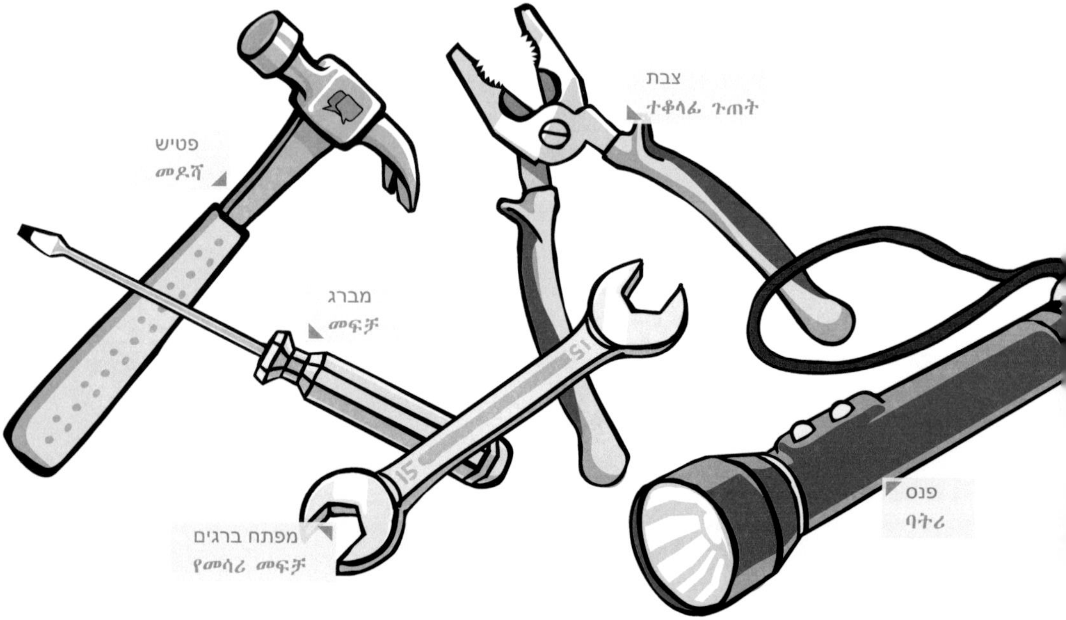

דחפור
....
በቁፋሮ የሚዝቅ

ארגז כלים
....
የመፍቻ ሳጥን

סולם
....
መሰላል

מסור
....
መጋዝ

מסמרים
....
ምስማር

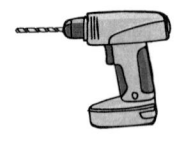

מקדחה
....
መሰርሰሪያ

לעזאזל!

የተረገመ!

את חפירה

አካፋ

תיקן

መጠገን

ברגים

ብሎን

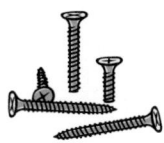

פח צבע

የቀለም ቆርቆሮ

יעה

ቆሻሻ ማፈሻ

כלי נגינה

የሙዚቃ መሳሪያዎች

רמקול
የድምፅ ማጉያ መሳርያ
מערכת תופים
የከበሮ መሳሪያዎች
גיטרה
ክራር መሰል የሙዚቃ መሳሪያ
חצוצרה
የትንፋሽ ሙዚቃ መሳሪያ
קונטראבס
ድርብ ቤዝ ጊታር

בס

ወፍራም፣ ጎርናና ድምፅ ያለዉ ክራር መሰል ሙዚቃ መሳሪያ

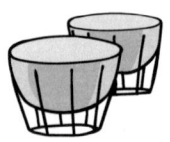

כינור

ቫዮሊን

פסנתר

ፒያኖ

מקלדת פסנתר

በኤሌክትሪክ የሚሰራ ፒኖ

תופים

ከበሮ

תוף הדוד

ነጋሪት

מיקרופון

የድምፅ ማጉያ

חליל

ዋሽንት

סקסופון

የትንፋሽ ሙዚቃ መሳሪያ

גן חיות

የደር እንስሳት ማቆያ

כניסה
መግቢያ
נמר
ነብር
כלוב
ሳጥን
זברה
የሜዳ አህያ
מזון לחיות
የእንስሳ ምግብ
פנדה
ትልቅ ድብ

בעלי חיים

እንስሳቶች

פיל

ዝሆን

קנגרו

ካንጋሮ

קרנף

አዉራሪስ

גורילה

ትልቅ ዝንጀሮ

דוב

ድብ

אריה

አንበሳ

יען

ሰጎን

גמל

ግመል

תוכי

በቀቀን

פלמינגו

ቅልጥመ ረዥም ወፍ

קוף

ጦጣ

כריש

ረጅም ጥርሶች ያሉትአሳ ነባሪ

פינגווין

የዋልታ ወፎች

דוב הקרח

የወዋልታ ድብ

תנין

አዞ

נחש

እባብ

טווס

ጣዎስ

יגואר

የዱር ድመት

כלב ים

አሳ በሊታ የባህር እንስሳ

שומר גן החיות

የዱር አራዊት የሚጠበቁበት
ማቆያን የሚጠብቅ

סוס פוני

ድንክ ፈረስ

לאופרד

ነብር

היפופוטאם

ጉማሬ

ג'ירפה

ቀጭኔ

נשר

ንስር

חזיר בר

ከርከሮ

דג

አሳ

צב

የባህር ኤሊ

סוס ים

የባህር አዉሬ

שועל

ቀበሮ

איילה

የሜዳ ፍየል፤ሚዳቋ

ספורט

የስፖርት አይነቶች

פוטבול אמריקאי
የአሜሪካ እግርኳስ
רכיבת אופניים
የብስክሌት ስፖርት
טניס
ቴኒስ
כדורסל
የቅርጫት ኳስ
שחיה
ዋና
אגרוף
የቡጢ ስፖርት
הוקי
የበረዶ ላይ የገና ጨዋታ

כדורגל

እግር ኳስ

בדמינטון

የላበ ኳስ ጨዋታ

אתלטיקה

አትሌቲክስ

כדור-יד

የእጅ ኳስ ስፖርት

עשה סקי

የበረዶ መንሸራተት ስፖርት

פולו

ፈረስ ግልቢያ

קפץ
መዝለል
חיבק
ማቀፍ
צחק
መሳቅ
הלך
መራመድ
שר
חלם
ህልም ማለም
התפלל
መፀለይ
נשק
መሳም

כתב
መፃፍ

צייר
መሳል

הראה
ማሳየት

דחף
መግፋት

נתן
መስጠት

לקח
መዉሰድ

היה

መሆን

עשה

ማድረግ

יש / להיות הבעלים

መያዝ

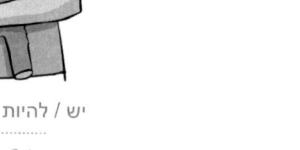

משך

መሳብ

רץ

መሮጥ

עמד

መቆም

שכב

መዋሸት

נפל

መዉደቅ

זרק

መወርወር

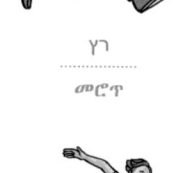

ישב

መቀመጥ

סחב

መሸከም

חיכה

መጠበቅ

התעורר

መንቃት

ישן

መተኛት

התלבש

መልበስ

64 פעילויות - እንቅስቃሴዎች

הסתכל ב-

መመልከት

בכה

ማለልቀስ

ליטף

መጫር

סירק

ማበጠር

דיבר

ማዉራት

הבין

መረዳት

שאל

ጥያቄ

שמע

ማዳመጥ

שתה

መጠጣት

אכל

መብላት

סידר

ማንፃት

אהב

ማፍቀር

בישל

ምግብ ማብሰል

נהג

መንዳት

עף

መብረር

שט

....

መርከብ መንዳት

חישב

....

ቁጥሮችን ማስላት

קרא

....

ማንበብ

למד

....

መማር

עבד

....

መስራት

התחתן

....

ማግባት

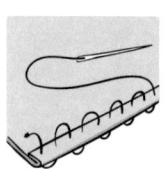

תפר

....

መስፋት

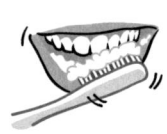

ציחצח שיניים

....

ጥርስ መቦረሽ

הרג

....

መግደል

עישן

....

ማጨስ

שלח

....

መላክ

משפחה

ቤተሰብ

סבתא
የሴት አያት
סבא
የወንድ አያት
אבא
አባት
אימא
እናት
תינוק
בת
ሴት ልጅ
בן
ወንድ ልጅ

אורח

እንግዳ

דודה

አክስት

דוד

አጎት

אח

ወንድም

אחות

እህት

גוף

አካል

מצח
ግንባር
עין
አይን
פנים
ፊት
סנטר
አገጭ
חזה
ጡት
אצבע
ጣት
כף יד
እጅ
זרוע
ክንድ
כתף
ትከሻ
רגל
እግር

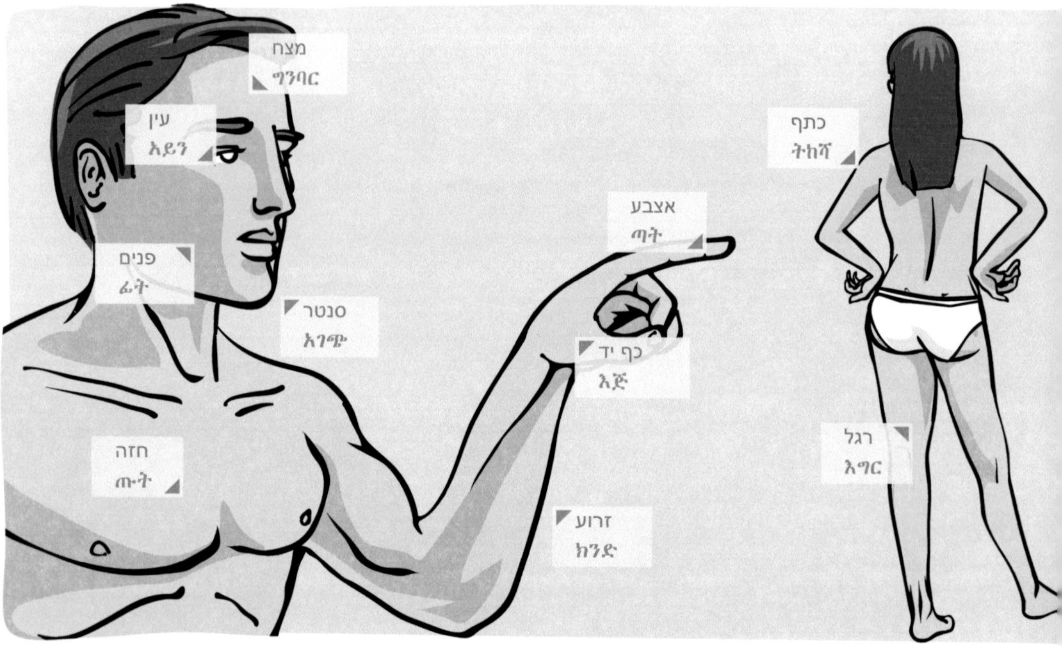

תינוק

ህፃን

איש

ሰዉ

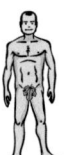

אישה

ሴት

ילדה

ልጃገረድ

ילד

ወንድ ልጅ

ראש

ራስ

גב

ጀርባ

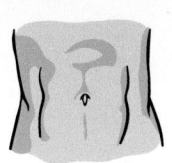

בטן

ሆድ

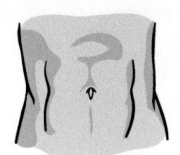

טבור

እምብርት

אצבע

የእግር ጣት

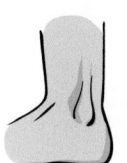

עקב

ተረከዝ

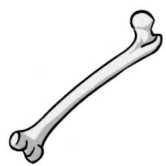

עצם

አጥንት

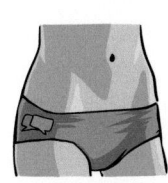

ירך

ዳሌ

ברך

ጉልበት

מרפק

ክርን

אף

አፍንጫ

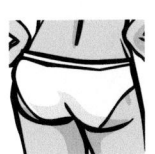

עכוז

ቂጥ

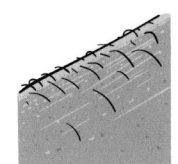

עור

ቆዳ

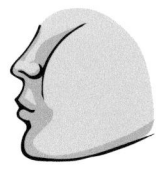

לחי

ጉንጭ

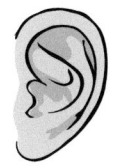

אוזן

ጆሮ

שפתיים

ከንፈር

פה
אፍ

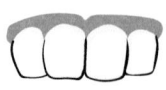

שן
ጥርስ

לשון
ምላስ

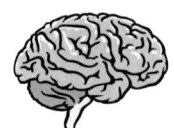

מוח
አንጎል

לב
ልብ

שריר
ጡንቻ

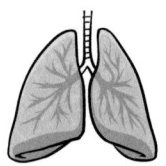

ריאה
ሳምባ

כבד
ጉበት

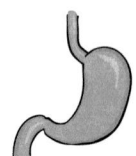

קיבה
ሆድ

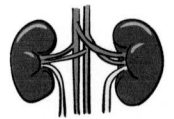

כליות
ኩላሊ.ቶች

מין
የግብረስጋ ግንኙነት

קונדום
ኮንዶም

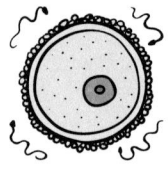

ביצית
የሴት እንቁላል

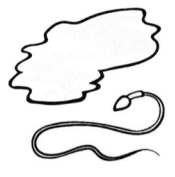

זרע
የዘር ፈሳሽ

הריון
እርግዝና

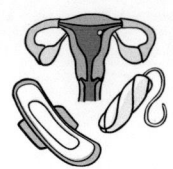

וסת
የወር አበባ

נרתיק
እምስ

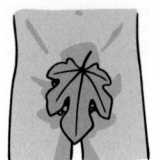

פין
ቁላ

גבה
ቅንድብ

שיער
ፀጉር

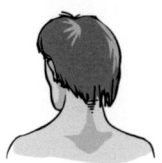

צוואר
አንገት

בית חולים
ሆስፒታል

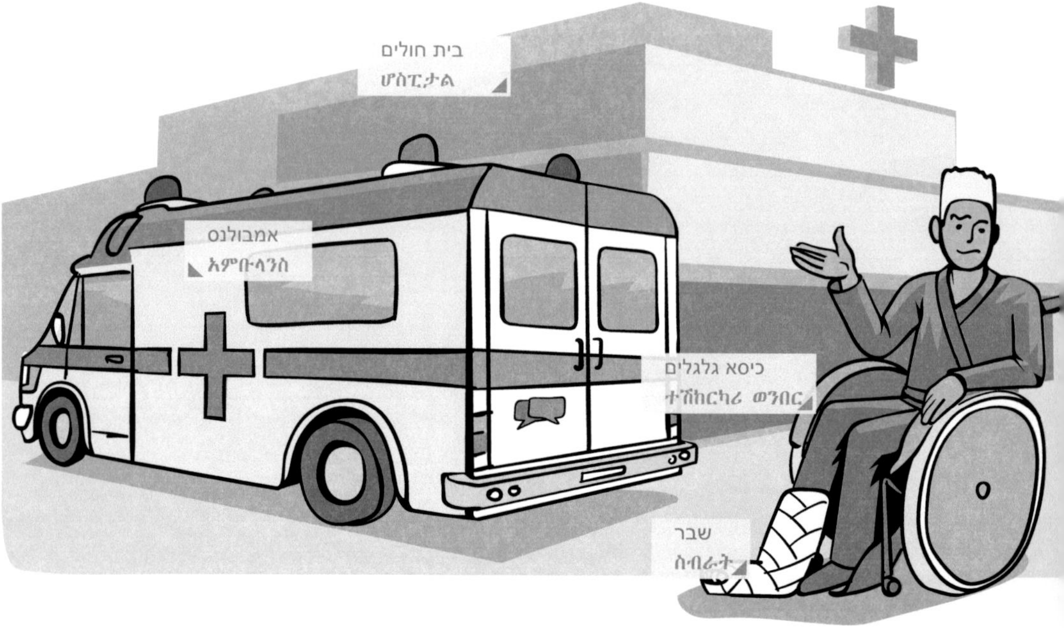

בית חולים
ሆስፒታል
אמבולנס
አምቡላንስ
כיסא גלגלים
ተሽከርካሪ ወንበር
שבר
ስብራት

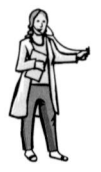

רופא

ዶክተር

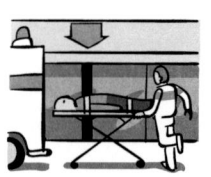

חדר מיון

ድንገተኛ ክፍል

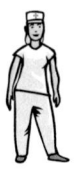

אחות

ነርስ

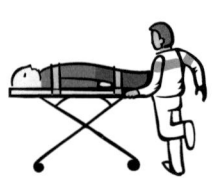

חירום

ድንገተኛ

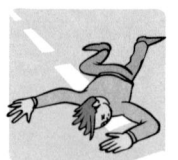

חסר הכרה

ራስን መሳት/ አለማወቅ

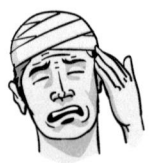

כאב

ህመም

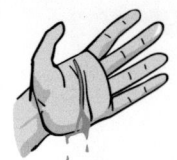

פציעה

ጉዳት

דימום

መድማት

התקף לב

የልብ ድካም

שבץ

ስትሮክ

אלרגיה

አለርጂ

שיעול

ሳል

חום

ትኩሳት

שפעת

ኢንፍሉዌንዛ

שלשול

ተቅማጥ

כאב ראש

የራስ ምታት

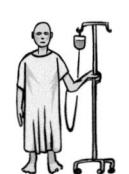

סרטן

ካንሰር

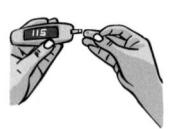

סוכרת

የስኳር በሽታ

מנתח

ቀዶ ጠጋኝ ሐኪም

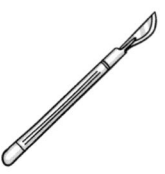

אזמל

የቀዶ ጥገና ስለት

ניתוח

ቀዶ ጥገና

בית חולים - ሆስፒታል　　73

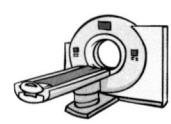

סי-טי

ሲ.ቲ

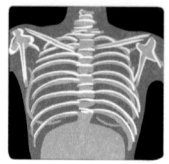

רנטגן

ኤክስሬዮ

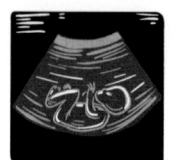

אולטרסאונד

አልትራሳዉንድ

מסיכת פנים

የፊት ጭምብል

מחלה

በሽታ

חדר המתנה

መጠበቂያ ክፍል

קבה

ምርኩዝ

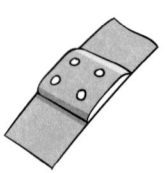

פלסטר

የቁስል ማሽጊያ

תחבושת

ፋሻ

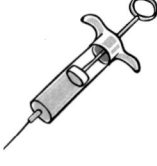

זריקה

መርፌ

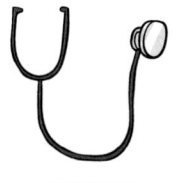

סטטוסקופ

የልብ ምት ማዳመጫ መሳሪያ

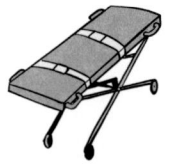

אלונקה

የበሽተኛ አልጋ

מד חום

የህክምና ሙቀት መለኪያ መሳሪያ

לידה

መውለድ

עודף משקל

ከልክ ያለፈ ክብደት

זיהום

ማመርቀዝ

מחטא

ፀረ ተባይ መድሀኒት

מכשיר שמיעה

ለመስማት የሚረዳ መሳሪያ

תרופה

ህክምና

איידס

ኤች አይቪ ኤድስ

נגיף

ቫይረስ

גלולה

ኪኒን

טבליות

ኪኒን

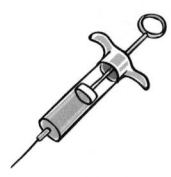

חיסון

ክትባት

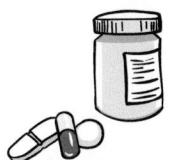

חולה / בריא

ህመም/ ጤንነት

מד לחץ דם

ደም ግፊት መቆጣጠሪያ

קריאת חירום

አስቸኳይ የስልክ ጥሪ

חירום

ድንገተኛ

פשיטה

ጥቃት

אזעקה

ማንቂያ ደዉል

הצילו!

እርዳታ!

יציאת חירום

የድንገተኛ መዉጫ

סכנה

አደጋ

תקיפה

ድብደባ

תאונה

አደጋ

מטף כיבוי

እሳት ማጥፊያ

אש!

እሳት!

משטרה

ፖሊስ

הצילו!

ነፍስ አድን

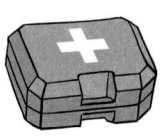

ערכת עזרה ראשונה

የመጀመሪያ እርዳታ መድሃኒት መያዣ

כדור הארץ

ምድር

דרום אמריקה

ደቡብ አሜሪካ

צפון אמריקה

ሰሜን አሜሪካ

אירופה

አዉሮፓ

אוסטרליה

አዉስትራሊያ

אסיה

እስያ

אפריקה

አፍሪካ

האוקיינוס ההודי

የህንድ ዉቅያኖስ

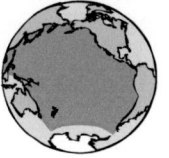

האוקיינוס השקט

ፓስፊክ

האוקיינוס האטלנטי

አትላንቲክ

הקוטב הצפוני

ሰሜን ዋልታ

האוקיינוס הארקטי

አርክቲክ ዉቅያኖስ

האוקיינוס האנטרקטי

አንታርክቲክ ዉቅያኖስ

כדור הארץ

ምድር

אנטארקטיקה

አንታርክቲካ

הקוטב הדרומי

ደቡብ ዋልታ

אי

ደሴት

ים

ባህር

אדמה

መሬት

מדינה

መንግስት

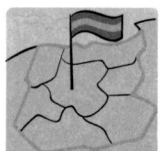

לאום

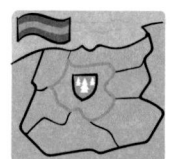

አገርና ህዝብ

שעון
ሰዓት

מחוג הדקות

ደቂቃ

מחוג השעות

ሰዓት

פני השעון

የሰዓት ገፅታ

יום

ቀን

מה השעה?

ስንት ሰዓት ነው?

מחוג השניות

ሴኮንድ

שעון דיגיטלי

የቁጥር ሰዐት

עכשיו

አሁን

זמן

ጊዜ

שעה

ሰዓታት

דקה

ደቂቃ

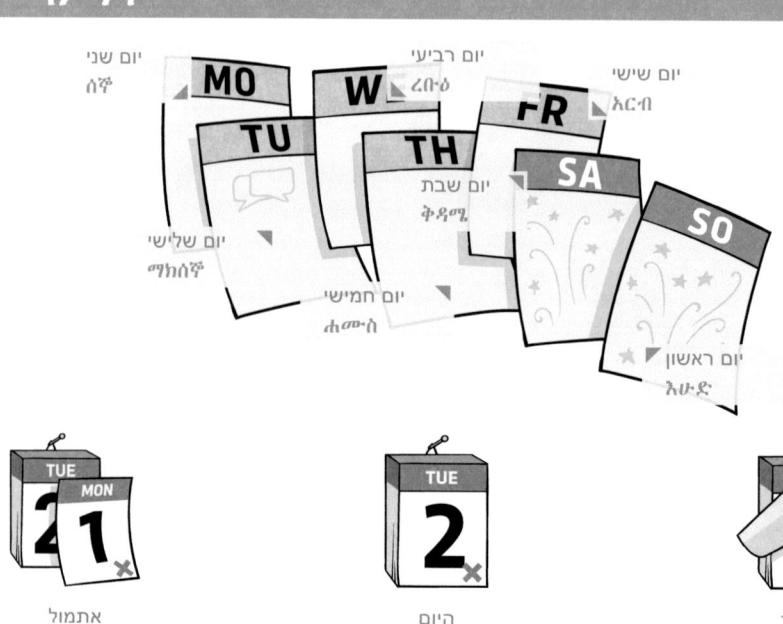

שבוע

ሳምንት

יום שני
ሰኞ
MO
יום רביעי
ረቡዕ
W
יום שישי
FR
TU
TH
יום שבת
ቅዳሜ
SA
SO
יום שלישי
ማክሰኞ
יום חמישי
ሐሙስ
יום ראשון
እሁድ

21

אתמול

ትላንት

2

היום

ዛሬ

3

מחר

ነገ

בוקר

ማለዳ

צהריים

ቀትር

ערב

ምሽት

MO TU WE TH FR SA SU
1 2 3 4 5 6 7
8 9 10 11 12 13 14
15 16 17 18 19 20 21
22 23 24 25 26 27 28
29 30 31 1 2 3 4

ימי עבודה

የስራ ቀናት

MO TU WE TH FR SA SU
1 2 3 4 5 6 7
8 9 10 11 12 13 14
15 16 17 18 19 20 21
22 23 24 25 26 27 28
29 30 31 1 2 3 4

סוף שבוע

የዕረፍት ቀናት

שנה

ዓመት

קשת בענן
גשם
ዝናብ
שלג
ጥጥ የሚመስል አመዳይ
በረዶ
ח
אביב
ፀደይ
סתיו
መኸር
קיץ
በጋ
חורף
ክረምት

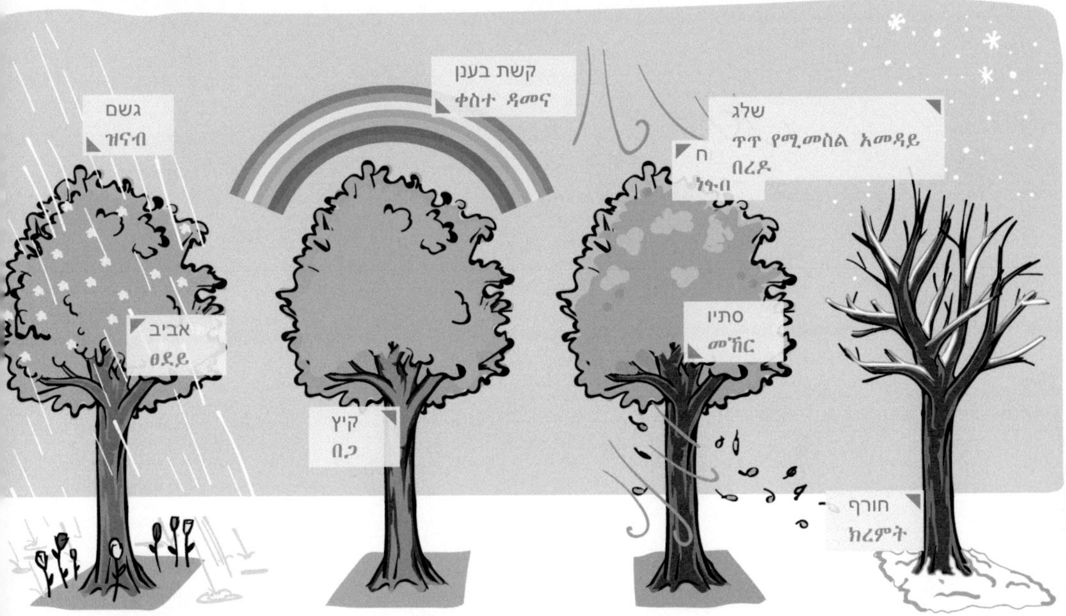

תחזית מזג האוויר

የአየር ሁኔታ ትንበያ

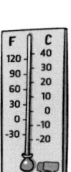

מד חום

የሙቀት መለኪያ

אור שמש

የፀሀይ ሙቀት

ענן

ደመና

ערפל

ጭጋግ

לחות

እርጥበታማነት

ברק

መብረቕ

רעם

ነጎድጓድ

סערה

አዉሎ ንፋስ

ברד

የበረዶ ዝናብ

רוח עונתי

አዉሎ ንፋስ

שיטפון

ጎርፍ

קרח

በረዶ

ינואר

ጥር

פברואר

የካቲት

מרץ

መጋቢት

אפריל

ሚያዚያ

מאי

ግንቦት

יוני

ሰኔ

יולי

ሐምሌ

אוגוסט

ነሀሴ

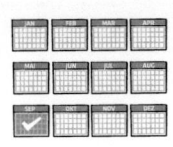

ספטמבר

መስከረም

אוקטובר

ጥቅምት

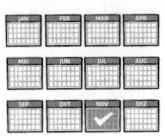

נובמבר

ህዳር

דצמבר

ታህሳስ

צורות

ቅርፆች

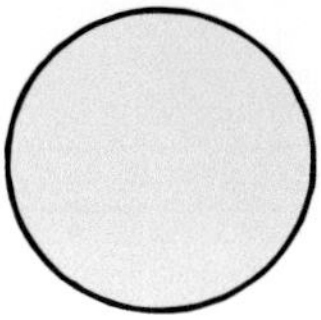

עיגול

ክብ

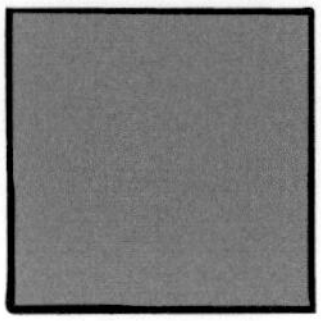

מרובע

አራት ማዕዘን

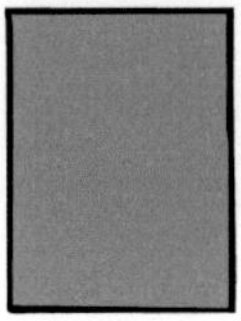

מלבן

አራት ቀጥተኛ ማዕዘኖች ጎኖች ያሉት ቅርፅ

משולש

ሶስት ማዕዘን

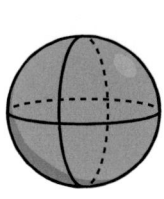

כדור

ሉል

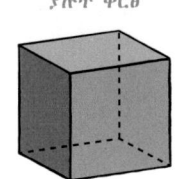

קובייה

ስድስት ጎን ያለዉ ቅርፅ

צבעים

ቀለማት

לבן

ነጭ

צהוב

ቢጫ

כתום

ብርቱካናማ

ורוד

ሮዝ

אדום

ቀይ

סגול

ወይን ጠጅ

כחול

ሰማያዊ

ירוק

አረንጓዴ

חום

ቡኒ

אפור

ግራጫ

שחור

ጥቁር

הפכים

ተቃራኒዎች

יפה / מכוער

ቆንጆ/ አስቀያሚ

כועס / רגוע

ንዴት/ እርጋታ

הרבה / מעט

ብዙ/ ጥቂት

בהיר / כהה

ደማቅ/ ደብዛዛ

גדול / קטן

ትልቅ/ ትንሽ

התחלה / סוף

ጅማሬ/ ፍፃሜ

שלם / חלקי

የተሟላ/ ያልተሟላ

נקי / מלוכלך

ንፁህ/ ቆሻሻ

אח / אחות

ወንድም/ እህት

רחב / צר

ሰፊ/ ጠባብ

מת / חי

የሞተ/ ህያዉ

יום /לילה

ቀን/ ምሽት

מתרגש / משועמם

ደስተኛ/ ድብርተኛ

רשע / טוב לב

ክፉ/ ደግ

אכיל / לא אכיל

የሚበላ/ የማይበላ

חבר / אויב

ጓደኛ/ ጠላት

ראשון / אחרון

መጀመርያ/ መጨረሻ

שמן / רזה

ወፍራም/ ቀጭን

כבד / קל

ከባድ/ ቀላል

קשה / רך

ጠንካራ/ ለስላሳ

מלא / ריק

ሙሉ/ ጎዶሎ

בלתי-חוקי / חוקי

ህገወጥ/ ህጋዊ

חולה / בריא

ህመም/ ጤንነት

רעב / צמא

ረሃብ/ ጥማት

קרוב / רחוק

ቅርብ/ ሩቅ

שמאל / ימין

ግራ/ ቀኝ

נבון / טיפש

ጎበዝ/ ደደብ

זקן / צעיר

ሽማግሌ/ ወጣት

כלום / משהו

ምንም/ የሆነ ነገር

חדש / משומש

አዲስ/ አሮጌ

שקט / רועש

ፀጥታ/ ጫጫታ

פתוח / סגור

ክፍት/ ዝግ

פעיל / כבוי

የበራ/ የጠፋ

מחוספס / חלק

ሻካራ/ ለስላሳ

נכון / שגוי

ትክክለኛ/ የተሳሳተ

עשיר / עני

ሃብታም/ ደሃ

איטי / מהיר

ዝግተኛ/ ፈጣን

קצר / ארוך

አጭር/ ረዥም

עצוב / שמח

ሐዘን/ ደስታ

מלחמה / שלום

ጦርነት/ ሰላም

חם / קר

ሞቃት/ ቀዝቃዛ

רטוב / יבש

እርጥብ/ ደረቅ

מספרים

ቁጥሮች

0	1	2
אפס	אחת	שתיים
ዜሮ	አንድ	ሁለት

3	4	5
שלוש	ארבע	חמש
ሶስት	አራት	አምስት

6	7	8
שש	שבע	שמונה
ስድስት	ሰባት	ስምንት

9	10	11
תשע	עשר	אחת-עשרה
ዘጠኝ	አስር	አስራ አንድ

12	**13**	**14**
שתים-עשרה	שלוש-עשרה	ארבע-עשרה
አስራ ሁለት	አስራ ሶስት	አስራ አራት
15	**16**	**17**
חמש-עשרה	שש-עשרה	שבע-עשרה
አስራ አምስት	አስራ ስድስት	አስራ ሰባት
18	**19**	**20**
שמונה-עשרה	תשע-עשרה	עשרים
አስራ ሰስምንት	አስራ ዘጠኝ	ሃያ
100	**1.000**	**1.000.000**
מאה	אלף	מיליון
መቶ	ሽህ	ሚሊዮን

שפות

ቋንቋዎች

סינית מנדרינית

የቻይና ማንዳሪን

אנגלית אמריקאית

የአሜሪካ እንግሊዝኛ

אנגלית

እንግሊዝኛ

צרפתית

ፍሬንች

ספרדית

ስፓኒሽ

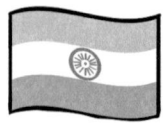

הודית

ሂንዱ

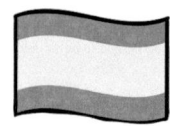

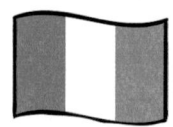

פורטוגזית

ፖርቹጊዝ

רוסית

ራሺያኛ

ערבית

አረብኛ

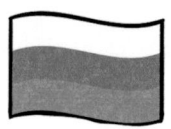

יפנית

ጃፓንኛ

גרמנית

ጀርመን

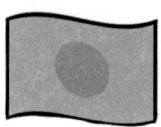

בנגלית

ቤንጋሊ

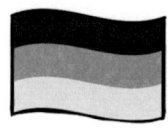

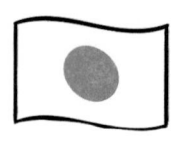

מי / מה / איך

ማን/ ምን/ እንዴት

אני

እኔ

אתה / את

አንተ

הוא / היא / זה

እሱ/ እርሷ/ እቃዉ

אנחנו

እኛ

אתם

አንተ

הם

እነርሱ

מי?

ማን?

מה?

ምን?

איך?

እንዴት?

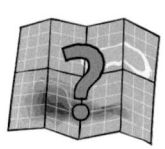

איפה?

የት?

מתי?

መቼ?

שם

ስም

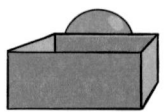

איפה
የት

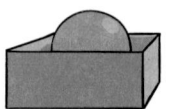

לפני

ከፊት ለፊት

בתוך

ዉስጥ

מאחור

በስተጀርባ

מתחת

ከስር

על

ላይ

מעל

ከላይ

מקום

ቦታ

בין

መሃከል

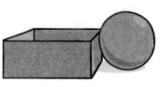

ליד

አጠገብ